# Emile Gebhart

de l'Académie Française

# La Dernière Nuit de Judas

Compositions et Gravures en couleurs

par

## Gaston Bussière

# Paris

Librairie des Amateurs

A. Ferroud. — F. Ferroud, Succr

127, Boulevard Saint-Germain, 127

1908

# La Dernière Nuit de Judas

# Justification du Tirage

Nos   1 à  45. — Exemplaires sur Japon, trois états.
Nos  46 à 120. — Exemplaires sur Japon, deux états.
Nos 121 à 350. — Exemplaires sur Japon, un état.

Dix Exemplaires sur Whatman, trois états,
numérotés I à X

# Emile Gebhart

de l'Académie Française

# La

# Dernière Nuit de Judas

Compositions et Gravures en couleurs

par

## Gaston Bussière

## Paris

Librairie des Amateurs

A. Ferroud. — F. Ferroud, Succr

127, Boulevard Saint-Germain, 127

1908

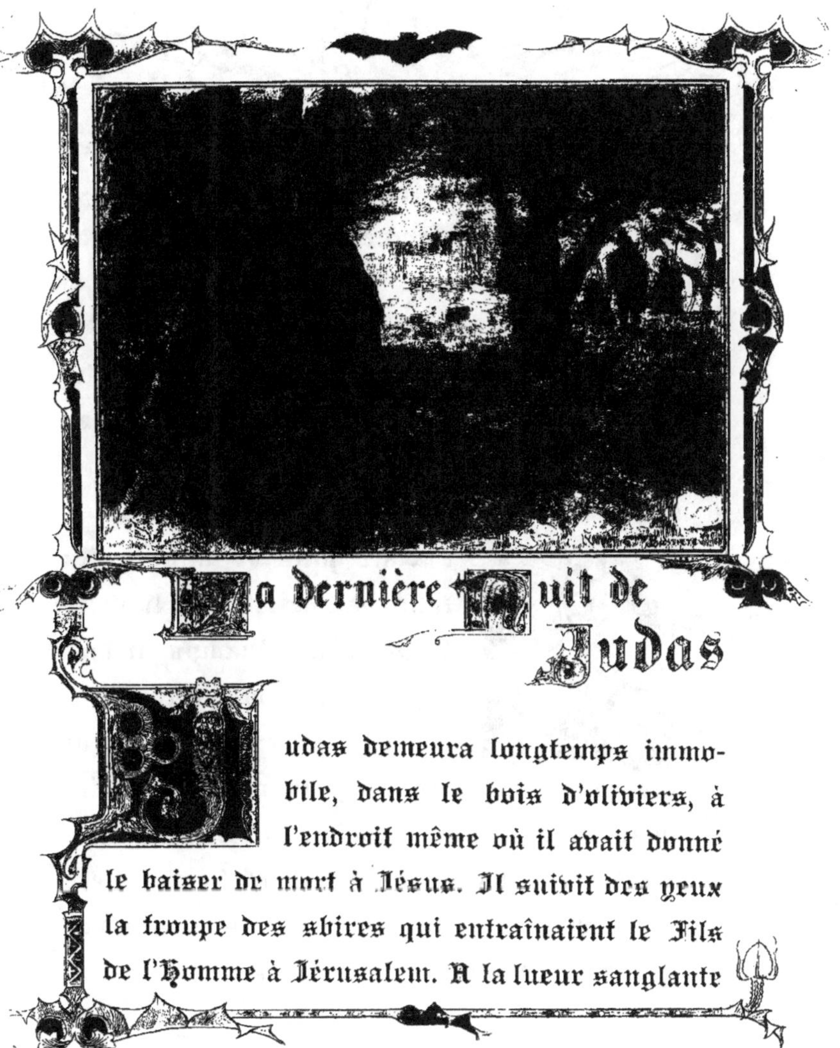

# La dernière Nuit de Judas

udas demeura longtemps immo-
bile, dans le bois d'oliviers, à
l'endroit même où il avait donné
le baiser de mort à Jésus. Il suivit des yeux
la troupe des sbires qui entraînaient le Fils
de l'Homme à Jérusalem. A la lueur sanglante

des lanternes et des torches, parmi les piques et les épées nues, le triste cortège, silencieux, à pas pressés, tel qu'une bande de voleurs de nuit, s'enfonça dans les profondeurs de la campagne et disparut.

Alors Judas s'enveloppa tranquillement de son long manteau rouge, et, s'appuyant au tronc d'un olivier, la face tournée du côté de la ville, il attendit.

Il était plus de minuit. La lune baignait d'une lumière bleuâtre les champs arides, les remparts et les tours de la cité sainte. Une rumeur très grave montait, de plus en plus indistincte, vers la haute région du Temple. Des appels de hiboux se répondaient à travers le désert. Une énorme chauve-souris souffleta de son aile froide la joue de Judas. Il ramena sur son front un pan de son manteau.

Il attendait toujours. Tout à coup, il se tourna avec un frémissement de joie vers l'entrée du jardin, sortit de l'ombre et courut à la rencontre d'un homme qui semblait chercher quelqu'un dans les ténèbres de Gethsémani.

'était un vieux Juif, à la longue barbe blanche, courbé sur son bâton, le trésorier du Grand-Prêtre, qui s'avançait d'un pas timide. Il laissa Judas s'approcher et lui jeta une bourse de cuir, puis, sans prononcer une seule parole, il s'éloigna plus vite qu'il n'était venu.

n lancerait avec plus de douceur un os à quelque mauvais dogue », murmura Judas.

Il ramassa la bourse et sourit. Elle était lourde et tintait agréablement. Il courut hors

du bois et l'ouvrit à la clarté pâle de la lune.
Quand il vit scintiller l'argent, il fut comme
ébloui. Mais il compta bientôt les pièces l'une
après l'autre, les pesa dans le creux de sa main
droite, étudia, très inquiet, l'une d'elles, où
l'effigie impériale paraissait légèrement usée.

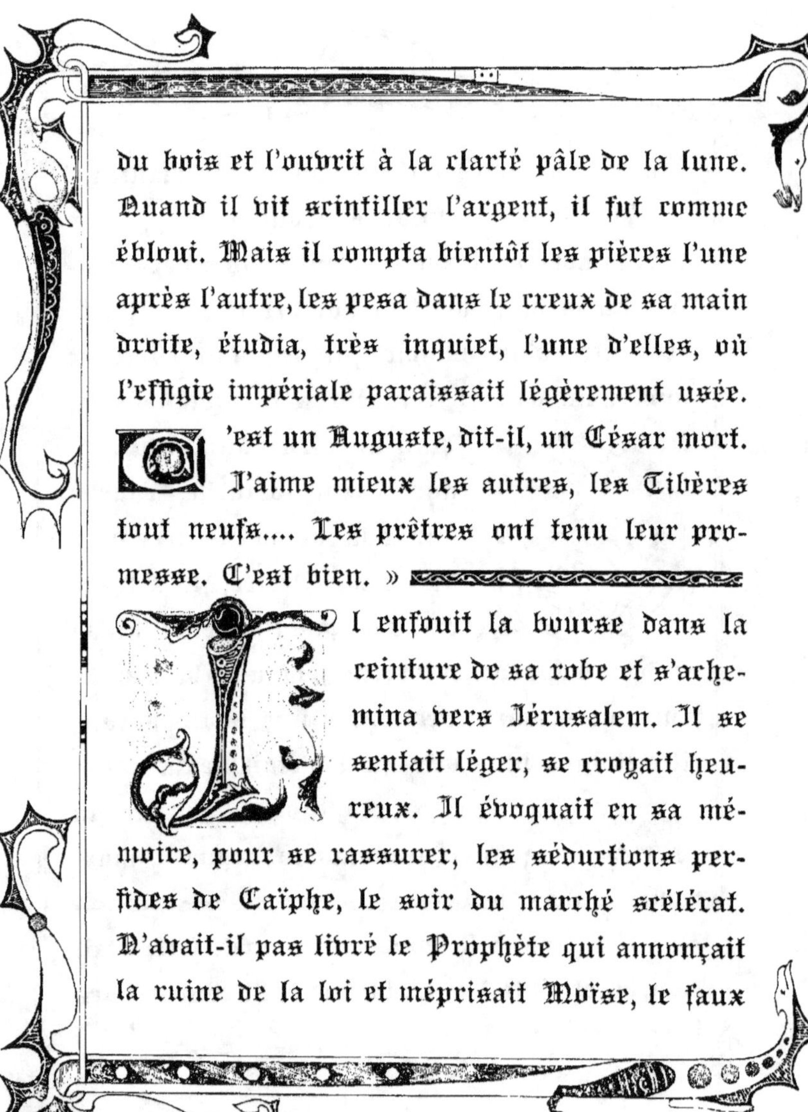

'est un Auguste, dit-il, un César mort.
J'aime mieux les autres, les Tibères
tout neufs.... Les prêtres ont tenu leur pro-
messe. C'est bien. »

I enfouit la bourse dans la
ceinture de sa robe et s'ache-
mina vers Jérusalem. Il se
sentait léger, se croyait heu-
reux. Il évoquait en sa mé-
moire, pour se rassurer, les séductions per-
fides de Caïphe, le soir du marché scélérat.
N'avait-il pas livré le Prophète qui annonçait
la ruine de la loi et méprisait Moïse, le faux

roi d'Israël, le Messie menteur qui chassait les usuriers des portiques de Salomon et fermait aux riches le Royaume des cieux? Mais lui, l'humble Iscariote, il venait de venger magnifiquement Dieu, David et Rome.

Et, ce jour même, tandis que le soleil éclairerait le supplice de Jésus, le vrai peuple de Dieu, Lévites, Docteurs, Scribes, Pharisiens, et tous les amis de César, et Pilate, l'orgueilleux lieutenant de César, salueraient en lui l'artisan d'une œuvre très grande.

« Mon nom, songeait-il, vivra aussi longtemps que les noms de Jacob, de Daniel et d'Élie. »

* * *

Il pénétra dans la ville muette et morne et, pensant qu'à cette heure Caïphe interrogeait

Jésus, il prit le chemin du palais sacerdotal.

e loin, il aperçut des fenêtres illuminées ; sur les terrasses, le long des portiques, des ombres allaient et venaient ; de la cour précédant le vestibule s'élevait un flamboiement rougeâtre. La rue était déserte. Un coq chanta.

« L'aurore est proche », dit Judas.

l s'arrêta sur le seuil de la maison. Au milieu de la cour pétillait un grand feu. L'un des Douze, Pierre, assis sur un escabeau, se chauffait les mains, tout en conversant avec une jeune servante. Pierre semblait à la fois irrité et fort malheureux. Il parlait très haut et disait à la jeune fille :

« En vérité, je te le jure, non, je ne connais pas cet homme ! »

Le coq chanta de nouveau. La servante se

retira. Pierre se replia sur lui-même et tomba dans une méditation douloureuse : il n'entendit pas Judas qui s'approchait du feu.

Du prétoire de Caïphe sortait tantôt une clameur sourde, coupée de longs silences, tantôt l'éclat d'une voix hautaine et méchante, puis le murmure d'une parole grave et douce, qui faisait trembler et pleurer comme un enfant, près du foyer où il se croyait seul, le pêcheur de Galilée.

Alors le coq chanta pour la troisième fois.

Pierre tressaillit, jeta un cri d'horreur, releva la tête et se dressa debout. Et les deux apôtres, le renégat et le parricide, se regardèrent face à face. Mais le front de Pierre parut si terrible, il porta si résolument la main à son épée que Judas recula, tout frissonnant

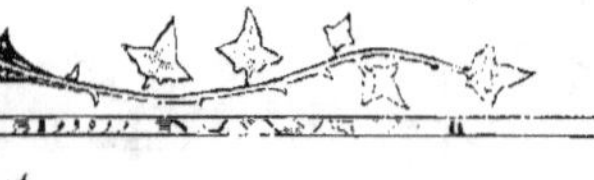

de peur, jusqu'à la porte du Grand-Prêtre.

ongtemps il erra autour du Temple, dont l'enceinte ne s'ouvrait qu'au lever du soleil. Il voulait choisir sur l'heure, dans les galeries extérieures de l'édifice, la place où il établirait son comptoir de marchand d'or. Les prêtres lui donneraient certainement un lieu favorable; et bientôt les belles monnaies de l'Égypte, de la Grèce, de l'Italie, de l'Asie ruisselleraient entre ses doigts. Il se riait alors de tous ces vagabonds faméliques, amoureux de pénitence et de pauvreté, ses anciens compagnons de misère, les disciples de l'homme qui allait mourir. Déjà quelques Lévites faisaient tourner les grilles du Temple, sous les yeux d'un rabbin. Judas marcha vers eux du pas assuré de l'homme qui rentre en son logis, la figure riante, avec un salut familier de la main. Mais le prêtre fronça les sourcils, étendit le bras et lui barra la route :

« Arrête et va-t'en. La loi défend à tout être impur l'accès des parvis sacrés. Va-t'en. On t'a donné, cette nuit, le prix du sang,

trente deniers d'argent : tu es payé de ta peine. Faut-il que je te chasse d'ici tel qu'un adultère, un idolâtre ou un meurtrier ? » 

*<br>* *

udas s'éloigna du Temple. Cette fois, il se dirigeait vers le tribunal de Pilate. Les Romains seraient pour lui plus doux que les prêtres, le protégeraient même contre la malice de la Synagogue. Quant à ces rabbins fanatiques, ils lui faisaient simplement pitié.

Au fond du cœur, il le savait, la tribu de Lévi adorait toujours le veau d'or, comme au temps de Moïse. Quand ils verraient Iscariote, client du procurateur, couvert par la faveur de César, amasser de

grandes richesses, entasser dans ses maga-
sins les étoffes d'or et de soie, les ivoires,
les orfèvreries, les parfums de l'Asie, pour
les revendre chèrement à Rome, ils l'admire-
raient et le caresseraient et viendraient brûler
chaque jour à ses pieds quelques grains
d'encens dérobés à leur Jéhovah.

Et, content de son rêve d'or-
gueil et d'avarice, Judas, tout
le long du chemin, répondit
par des regards de défi à la
curiosité méprisante des fa-
miliers de la Synagogue, Scribes ou Pharisiens, qui, de loin, le montraient du doigt et,
de près, s'écartaient dédaigneusement de son
ombre comme d'une souillure.

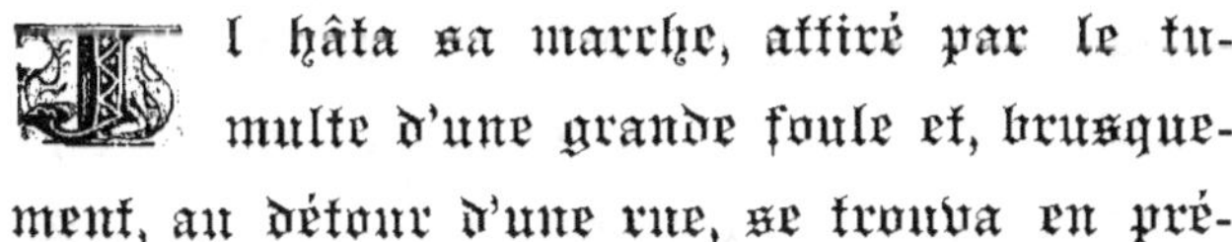

Il hâta sa marche, attiré par le tu-
multe d'une grande foule et, brusquement, au détour d'une rue, se trouva en pré-

sence d'une scène effroyable. La multitude
déchaînée battait les murs du palais de Pilate :
la lie de Jérusalem et de la Judée, voleurs,
sicaires, courtisanes, parjures, faux-mon-
nayeurs, les brigands descendus de leur mon-
tagne, les homicides et les infâmes sortis de
leurs repaires.

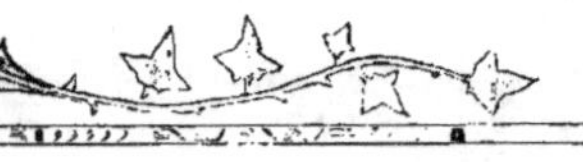

Tous, la face et les mains tendues vers
le proconsul, les yeux ardents, ils
hurlaient : « Barrabas ! Barrabas ! rends-
nous Barrabas ! »

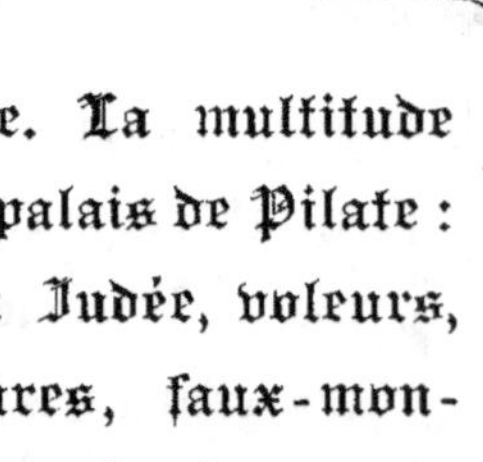

Debout, au milieu d'une galerie
aux lourdes colonnes de porphyre, entouré de ses officiers
et des Princes des prêtres,
Pilate, tête nue, drapé en
sa toge blanche, jetait à la populace des paroles que Judas n'entendait point. Et, chaque
fois que le maître romain ouvrait la bouche,

les cris de l'horrible meute redoublaient :
« Barrabas ! Barrabas ! »

udas se glissa parmi la foule. Des
figures amies s'inclinèrent vers lui ;
il recueillit des félicitations d'assassins et
des sourires de prostituées. Comme il attei-
gnait les premiers rangs, sur le seuil même
du palais, il se sentit soulevé par une tem-
pête de colère : de mille poitrines jaillissait
un cri nouveau, le cri tragique :
« Qu'il soit crucifié ! Qu'il soit crucifié ! »

ilate, découragé et triste, ren-
tra, suivi de son cortège, dans
le prétoire. Un jeune centurion demeura, contemplant la
foule, entre deux piliers de
la galerie. Près de lui un vieux Docteur
de la Loi, d'aspect très noble, dérou-
lait fiévreusement et lisait avec une angoisse

étrange le livre des grands Prophètes. La fureur du peuple s'apaisa par degrés : il sentait vaguement qu'une chose sinistre s'accomplissait dans l'intérieur de la maison.

Tout à coup le prêtre aperçut l'apôtre au manteau rouge : il dit quelques mots à l'oreille du centurion qui, à son tour, abaissa les yeux sur Iscariote, fit un geste de dégoût, et se retira précipitamment.

Alors la porte massive, revêtue de lames de bronze, s'ouvrit avec une lenteur solennelle. Pilate reparut à la colonnade de porphyre ; un silence de mort s'établit dans la rue ; à travers l'ombre trouble du vestibule, chancelant et soutenu par deux soldats, le front et les joues inondés de larmes de sang, couronné d'épines, un roseau à la main, un lambeau de pourpre

noué sur la poitrine, Jésus marchait vers le peuple de Dieu.

La multitude étonnée, muette, voyait s'avancer la vision sanglante. Judas, éperdu, détourna son visage. Pilate se pencha en avant, et, de la main où brillait l'anneau dont il scellait les ordres de César, il montra le Nazaréen et dit d'une voix sonore :

« Voilà l'homme ! »

Et le cri terrible de la populace retentit encore une fois, plus âpre et plus impérieux :

« Qu'il soit crucifié ! Qu'il soit crucifié ! »

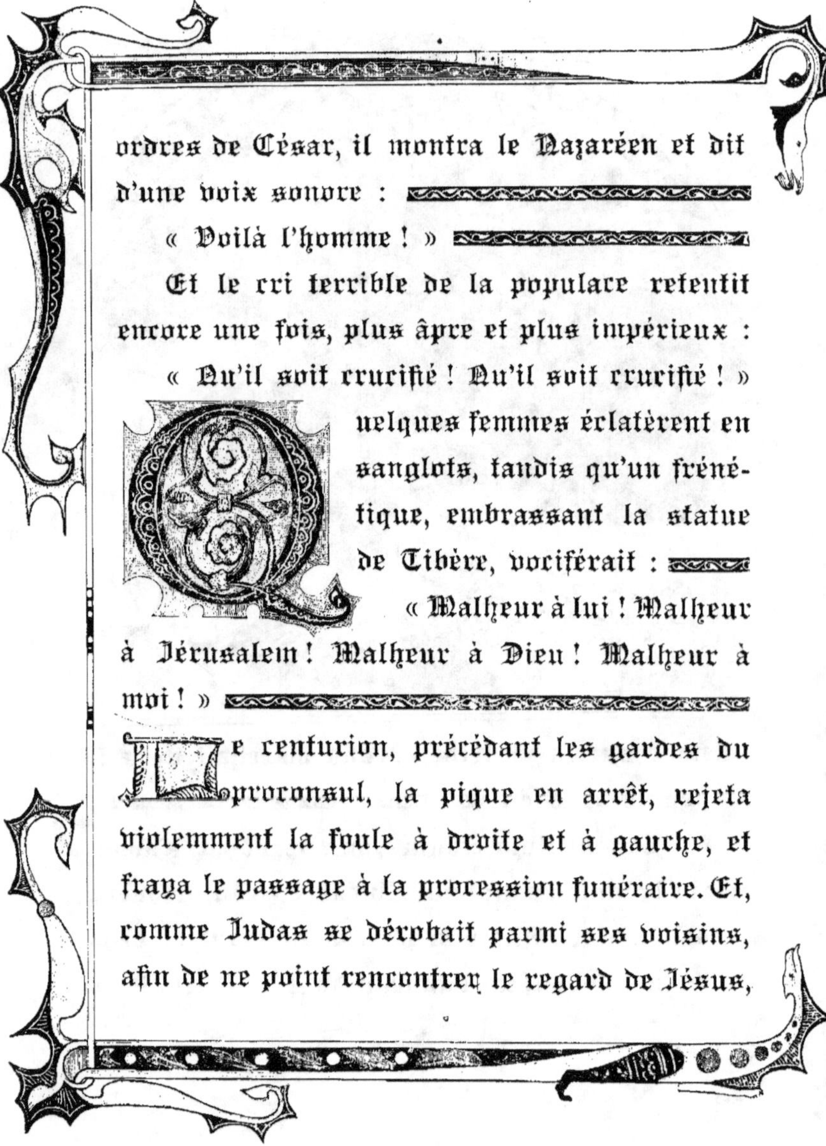

uelques femmes éclatèrent en sanglots, tandis qu'un frénétique, embrassant la statue de Tibère, vociférait :

« Malheur à lui ! Malheur à Jérusalem ! Malheur à Dieu ! Malheur à moi ! »

Le centurion, précédant les gardes du proconsul, la pique en arrêt, rejeta violemment la foule à droite et à gauche, et fraya le passage à la procession funéraire. Et, comme Judas se dérobait parmi ses voisins, afin de ne point rencontrer le regard de Jésus,

l'officier de Pilate lui frappa rudement l'épaule
du pommeau de son épée :

« Es-tu venu pour insulter à la misère d'un
Prophète juif, ou pour outrager par ta présence
la majesté de Rome !

os dieux ont horreur des traîtres. Va
vite, très loin d'ici, chercher une soli-
tude assez écartée pour y cacher ton igno-
minie ! »

*<br>* *

udas se laissa entraîner par
la foule qui se ruait autour de
la garde romaine. Mais plu-
sieurs de ces hommes qui,
tout à l'heure, demandaient
Barrabas, avaient deviné les paroles du centurion. Il surprit des murmures d'une inquié-

tante ironie et, prudemment, ralentit le pas,
puis il se jeta dans une ruelle déserte.

« Suis-je donc pour tous un pestiféré ? »
dit-il.

Il voulut alors rentrer à sa maison, afin d'y
méditer en paix sur le présent et l'avenir.
ais il tomba dans un groupe
de femmes et d'adolescents,
dont les yeux lui firent peur.
Il reconnut les jeunes garçons
qui, trois jours auparavant,
jonchaient de fleurs et de rameaux verts le
sentier triomphal de Béthanie et chantaient :

« Hosannah ! Fils de David, aie pitié de
nous ! Hosannah ! »
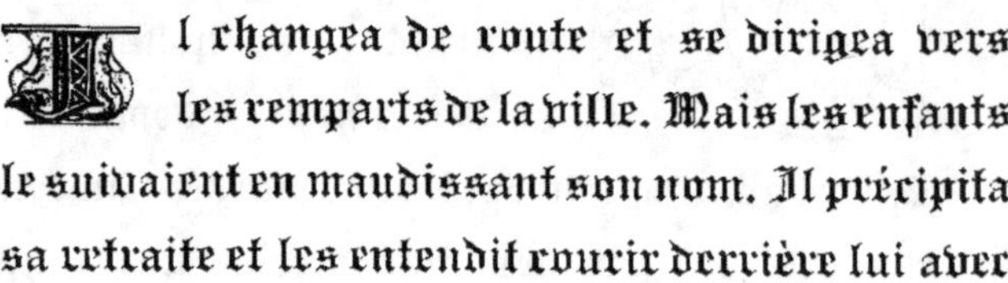l changea de route et se dirigea vers
les remparts de la ville. Mais les enfants
le suivaient en maudissant son nom. Il précipita
sa retraite et les entendit courir derrière lui avec

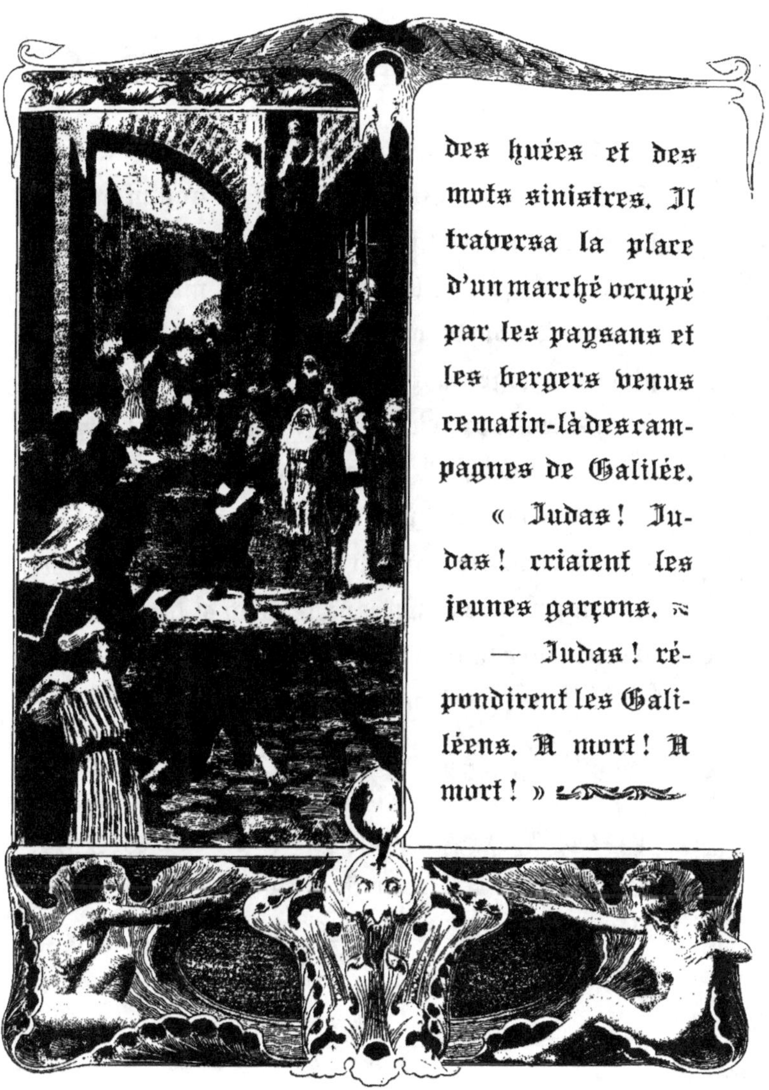

des huées et des mots sinistres. Il traversa la place d'un marché occupé par les paysans et les bergers venus ce matin-là des campagnes de Galilée.

« Judas ! Judas ! criaient les jeunes garçons.

— Judas ! répondirent les Galiléens. A mort ! A mort ! »

Il se mit à fuir sous une grêle de pierres, tête basse, ramassant les plis de son manteau, harcelé par les chiens, sentant qu'il perdait du terrain et qu'il allait périr d'une mort affreuse et que, d'abord, on lui arracherait les trente pièces d'argent. Brusquement, une porte de Jérusalem apparut grande ouverte. Il bondit sous la voûte, d'un élan désespéré. 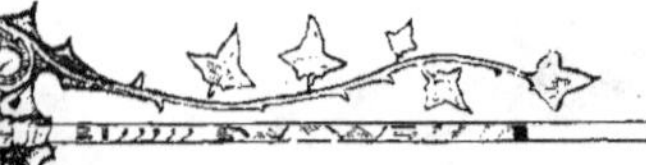

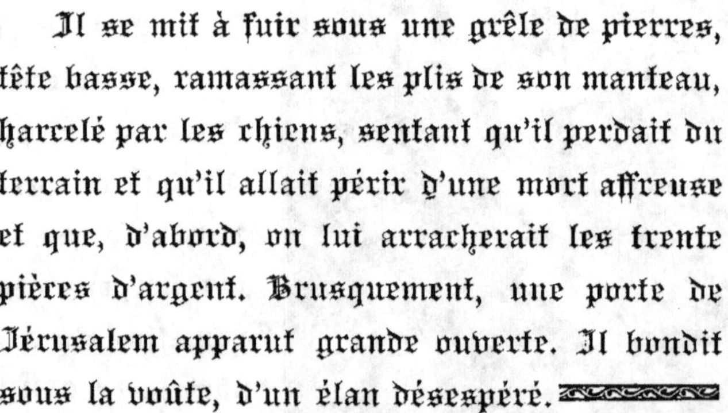es sentinelles romaines, croyant qu'une émeute courait vers le Golgotha pour reprendre à ses bourreaux le roi des Juifs, abaissèrent leurs lances vers le peuple et l'arrêtèrent.

udas fuyait dans la lumière éblouissante de la campagne. Il fuyait par la plaine rocailleuse, par le lit des torrents, sur la crête nue des collines. Il fuyait au hasard, tantôt par la montagne et tantôt vers la mer, vers Tibériade ou Samarie,

vers Bethléem ou So-
dome.

Une seule pensée,
une angoisse unique
le possédait : il était
perdu ; lui, le fidèle
de César et de Moïse,
on le pourchassait
comme une bête en-
ragée ; quel serait,
pour ce jour, l'asile
où s'abriterait sa terreur ? quelle serait, demain, la destinée de toute sa vie ?

Vers l'heure de midi, il s'assit à l'ombre

d'une muraille de rochers ; il fut surpris d'aper-
cevoir, tout près de lui, après une si longue
course, la figure menaçante de Jérusalem.

Puis, au sommet d'une colline très
proche de la ville, apparut la cavalerie
romaine ; plus loin, un groupe d'hommes, de
femmes et d'enfants en deuil : enfin, une grande
foule. C'était une scène étrange et confuse,
qu'il regardait vaguement.

ais, par-dessus les piques et
les casques des Romains,
trois croix se dressèrent en
même temps sur le bleu du
ciel, et chacune d'elles portait
un homme cloué aux mains et aux pieds. Judas
reconnut alors le Calvaire ; à la plus haute
croix, la tête inclinée sous sa couronne d'épines,
Jésus agonisait.

Et, quand les cavaliers descendirent vers

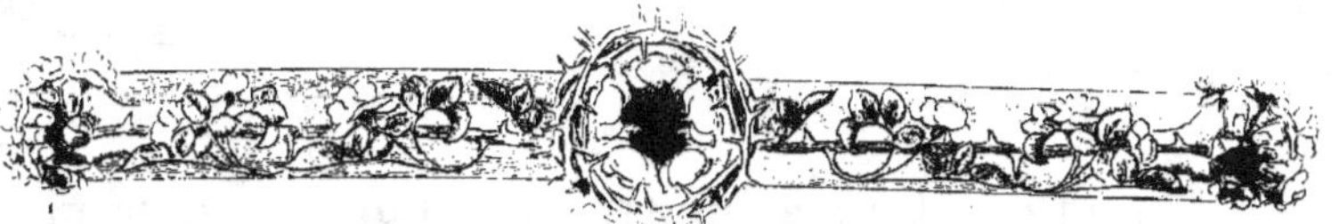

Jérusalem, le traître vit, aux pieds du Roi des Juifs, une femme seule, agenouillée, et, tout autour de la croix, les disciples et les enfants prosternés, le front dans la poussière.

Déjà il reprenait courage, car ce spectacle le consolait de bien des amertumes. Pilate le vengeait. Après tout, les Prophètes avaient enduré

plus que lui les injures du peuple, la superbe
des prêtres, la cruauté des princes. Quelques-
uns avaient payé de leur sang le zèle de la cause
de Dieu. Il allait sortir de Judée abreuvé d'ou-
trages, mais vivant et la bourse bien garnie.
e n'est pas lui qu'on scierait entre deux
planches, comme on avait fait d'Isaïe.
Et, tournant le dos à l'ingrate Synagogue, il
cheminait déjà dans la direction de Joppé.

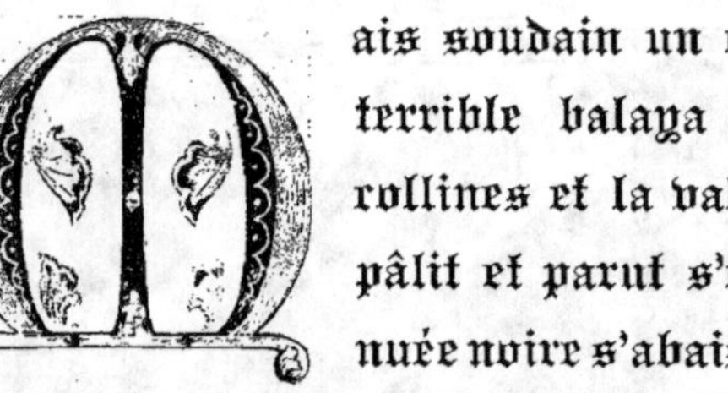

ais soudain un coup de vent
terrible balaya le ciel, les
collines et la vallée, le soleil
pâlit et parut s'éteindre, une
nuée noire s'abaissa sur Jéru-
salem ; la foudre fendit le rocher à quelques
pas d'Iscariote, tandis que là-bas, illuminées et
glorifiées par la pourpre des éclairs, les trois
croix semblaient grandir et se mouvoir formi-
dablement, et les trois crucifiés, les bras éten-

dus, les mains sanglantes et les yeux fixes, s'avançaient contre l'apostat.

Fou d'épouvante, Judas se coucha, la face à terre, enseveli sous son manteau.

*
* *

Il ne se releva qu'au soir. Une paix de sépulcre pesait alors sur toute la nature. Il n'osa plus regarder du côté du Calvaire. Le grand silence des choses l'inquiétait. Il voulut rencontrer quelqu'un, entendre le son d'une voix humaine, chercher sur un visage un rayon de pitié. Il redoutait la nuit, la nuit lugubre qui s'approchait. Il revint vers Jérusalem et s'assit au bord d'un sentier, accablé de lassitude.

Bientôt les étoiles étincelèrent au fond de l'azur et la lune versa sur la brume violette de la plaine un flot de lumière triste. Du côté de la ville résonna le bruit d'un bâton qui heurtait les pierres du chemin, puis une ombre apparut.

'homme marchait très vite, le dos courbé, comme s'il avait hâte de fuir devant une malédiction. Le bras qui tenait le bâton dessinait, dans la pâleur du désert, un grand geste de volonté douloureuse. Le voyageur passa en face de Judas et ne s'arrêta point.

« Ahasvérus ! cria l'apôtre, Ahasvérus ! »

'homme ne répondit pas et marcha plus vite. Judas courut et le suivit en suppliant.

« Ahasvérus, laisse-moi t'accompagner ! Où

tu iras, j'irai ; où tu te reposeras, je me reposerai. Je serai ton serviteur, ton esclave, ton

chien fidèle. Ne m'abandonne pas, tout seul,
dans la nuit !

— Je vais trop loin, en Syrie, en Égypte,
au fond de l'Asie, aux extrémités du monde ; je
vais à Rome. Je ne me reposerai jamais, je ne

dormirai jamais plus. J'ai manqué de compassion à l'égard de Jésus et j'expierai, par un pèlerinage sans terme et sans espérance, ma dureté de cœur. Mais le sang de ce juste n'est point sur mon front. Et je t'avertis, Judas, que j'écraserai du pied toutes les vipères qui traverseront ma route ! »

Le marcheur s'enfonça dans les ténèbres. Judas vit s'évanouir l'ombre de l'éternel exilé ; il prêta longtemps l'oreille au bruit décroissant du bâton ferré. Puis, timidement, il se rapprocha encore de Jérusalem.

En dehors de l'enceinte, au fond d'un ravin, il connaissait quelques masures hantées par les misérables et les criminels. Peut-être, dans une de ces ruines, trouverait-il un refuge et un ami jusqu'au lever du soleil.

travers les fentes d'une porte passait un filet de lumière. Il regarda et reconnut, accoudé près d'une lampe, le scélérat qui faisait trembler la Judée, le voleur que Pilate avait rendu à la populace, Barrabas. Il frappa. La porte s'ouvrit.

« Barrabas ! je suis brisé. J'ai froid, j'ai faim, j'ai peur. Laisse-moi dormir cette nuit sur la pierre de ton foyer ! »

Le bandit se tenait au seuil de sa maison. Il haussa les épaules, avec un rire sinistre.

Tu veux donc déshonorer Barrabas ? Si je t'accepte comme hôte, demain, dans Jérusalem, mon peuple me lapidera. Non ! Ecoute, Judas : moi, j'ai tué cinq ou six Juifs et deux chevaliers romains, j'ai volé des poignées d'or au temple dans les coffres sacrés du Grand-Prêtre ; j'ai arraché une lame d'or à l'Arche d'alliance, qu'on ne peut toucher sans mourir ; mais je n'ai jamais vendu de créature humaine et n'ai jamais fourni de victimes aux bourreaux. J'aimerais mieux l'étrangler que de te permettre de franchir ma porte. Si tu as sommeil, le Golgotha n'est pas loin d'ici : tu peux y dormir paisiblement, la tête appuyée à la croix de ton Seigneur, et personne, cette nuit, pas même le démon, n'osera t'y déranger ! »

Et Judas se traîna tantôt dans l'ombre des remparts, tantôt parmi les vignes et les oliviers. L'insolence de Barrabas était vraiment pour lui un coup trop rude. Jusqu'alors, le Dieu de Jésus

l'avait frappé noblement : le Temple, Rome, les disciples, le peuple, et le Juif maudit qui cheminait dans la nuit, à la bonne heure ; mais cet assassin qui le repoussait de sa maison ! L'outrage était trop cruel et l'arme trop vile.

t sa haine du Nazaréen gran-
dissait d'une façon mons-
trueuse. C'est à ce mort qu'il
devait tant de hontes. Il se
réjouissait de l'avoir trahi ;
il souriait affreusement au souvenir des sup-
plices dont il avait été le témoin effacé. Il
comptait les plaies de la flagellation, les souf-
flets des valets de Pilate, les épines de la
couronne, les clous de la croix.

Puis, la pensée amère lui vint qu'un
crucifié si précieux au monde avait été
jeté pour un bien pauvre prix aux griffes de
la Synagogue.

« Il valait au moins cent deniers, murmura-
t-il : les Prêtres m'ont trompé bien mécham-
ment. »

Il montra le poing au ciel ruisselant
d'étoiles et, comme il se sentait brûlé par la

fièvre et par la soif, il
marcha vers un bou-
quet d'arbres qui, peut-
être, ombrageaient quel-
que fontaine. Le vent pleu-
rait doucement à travers la
feuillée. Déjà Judas se sentait
plus dispos.

Tout à coup, il poussa un

cri rauque, le cri du naufragé qui se noie, et s'abattit sur ses deux genoux, terrassé par un bras invisible. Il reconnaissait l'olivier sous lequel, l'autre nuit, suivi des sbires armés, il avait baisé au front le Fils de l'Homme.

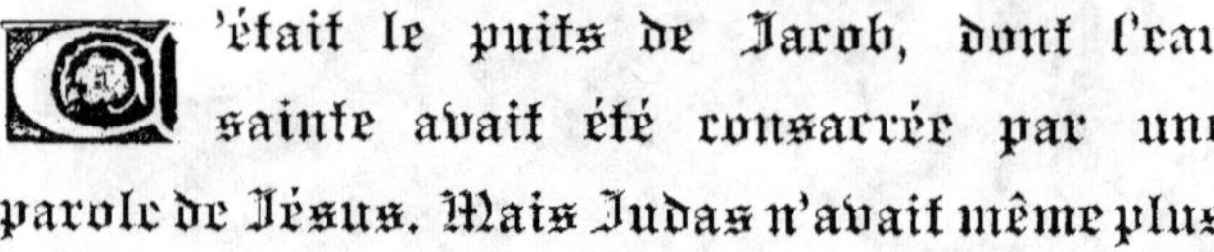

Il s'échappa en rampant du jardin de Gethsémani ; puis, trébuchant à chaque pas, il vagua dans la solitude. Il ne pensait plus à rien, n'espérait plus rien, souhaitait seulement de rencontrer Satan, l'archange déchu, afin de l'émouvoir par son immense détresse...

Au loin, deux palmiers étendaient leurs branches fines sur les rebords d'une citerne perdue dans la campagne.

C'était le puits de Jacob, dont l'eau sainte avait été consacrée par une parole de Jésus. Mais Judas n'avait même plus

la force de se dérober à ce grand souvenir. Il
s'affaissa pesamment contre la margelle ; et,
comme à la chaîne du puits aucun seau n'était
attaché, il pencha sur le bord sa face brûlante,
afin de respirer la fraîcheur de l'eau.

*<br>* *

ntre les deux palmiers glisse,
fantôme léger, une toute
jeune fille vêtue de blanc,
voilée de blanc, toute frêle,
qui, de son bras nu, soutient
une amphore de terre posée sur l'épaule droite.
Judas soulève son front livide et dit, d'une
voix très faible :

« J'ai soif ! »

La jeune fille fait un mouvement d'effroi,
comme à la vue d'une bête dangereuse.

« J'ai soif ! » dit-il encore. 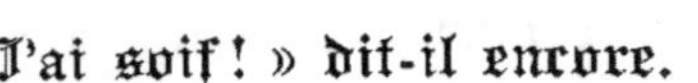

ui aussi, répond-elle, le Pro-
phète que tu as livré, du haut
de sa croix, a crié : « J'ai
soif ! » et les Romains lui
ont tendu, au fer d'une lance,
une éponge pleine de fiel. »

Elle descendit l'amphore au fond de la citerne et la retira toute débordante d'eau pure,
dont les gouttes, en retombant, scintillaient
comme des pierreries.

udas se taisait. Il tremblait en pré-
sence de cette enfant. Il tendait vers
l'eau fraîche ses lèvres arides.

Avec une grâce mélancolique, elle s'inclina
vers lui : « Tiens, dit-elle, pour l'amour de
Jésus, prends et bois ! » Et quand il eut bu,
elle replaça l'amphore sur son épaule et, toute
blanche, s'en alla, d'un pas tranquille, sous la

caresse des étoiles. Alors, dans l'âme ténébreuse de Judas entra comme une ondée de lumière. D'un coup d'œil rapide, il mesura toute son infamie et la profondeur de sa  chute; et ce fut, pour sa conscience, un vertige mortel. La douceur de la jeune fille lui révélait le mystère auquel il n'avait jamais cru, et l'angoisse du sacrilège envahit son cœur.

« Quel est donc, dit-il, ce crucifié qui, par la main d'une enfant, a versé sur ma tête le baume de la miséricorde ! »

Il demeura très longtemps assis contre la margelle du puits de Jacob. Et la même pensée lui revenait sans cesse et, loin d'y trouver une consolation, il en recevait une souffrance infinie. En face de lui, sur un monticule, se dressait un figuier desséché, et la parabole du Seigneur s'éveilla confusément en sa mémoire.

Brusquement il courut à l'arbre, étendit à terre son manteau rouge, y jeta les trente pièces d'argent, puis, dénouant les bandelettes de son turban, il se pendit à la plus grosse branche du figuier stérile.

Sous les pieds de l'apôtre mort, le manteau semblait une large tache de sang. Un
chacal vint y dormir jusqu'à l'aurore. Dès
les premières blancheurs du matin, un grand
vautour aux ailes fauves tournoyait, très haut
dans le ciel, au-dessus de l'arbre funèbre.

# Table des Illustrations

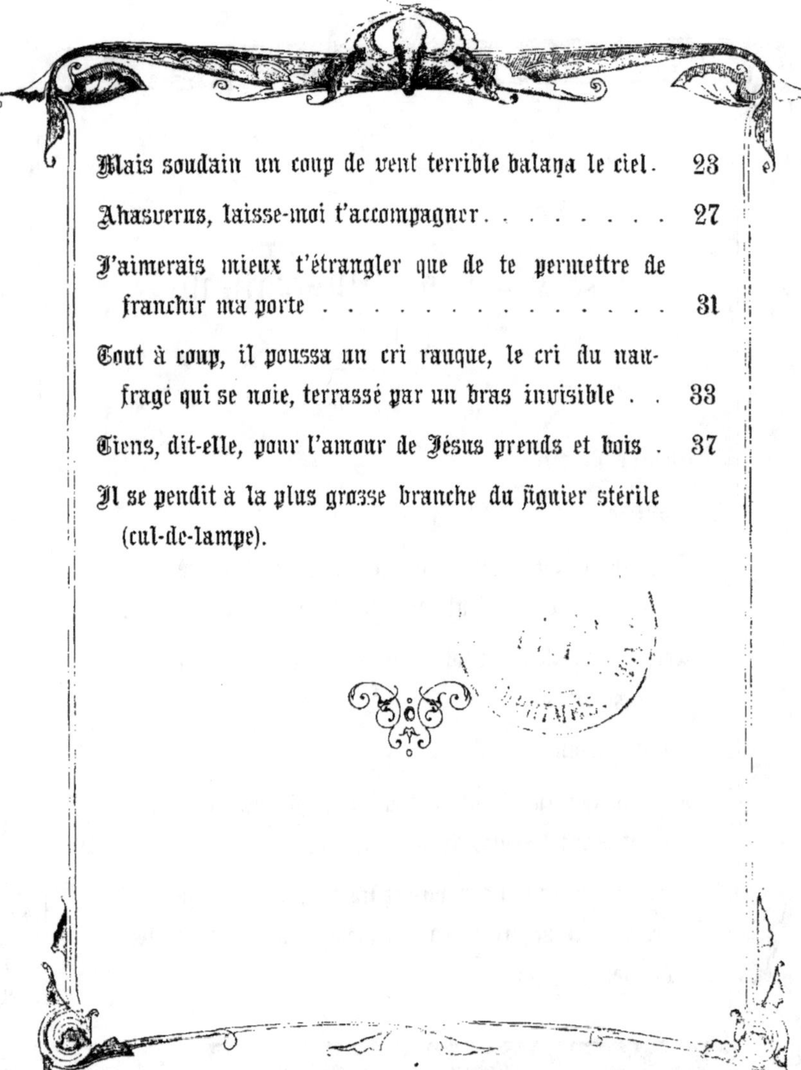

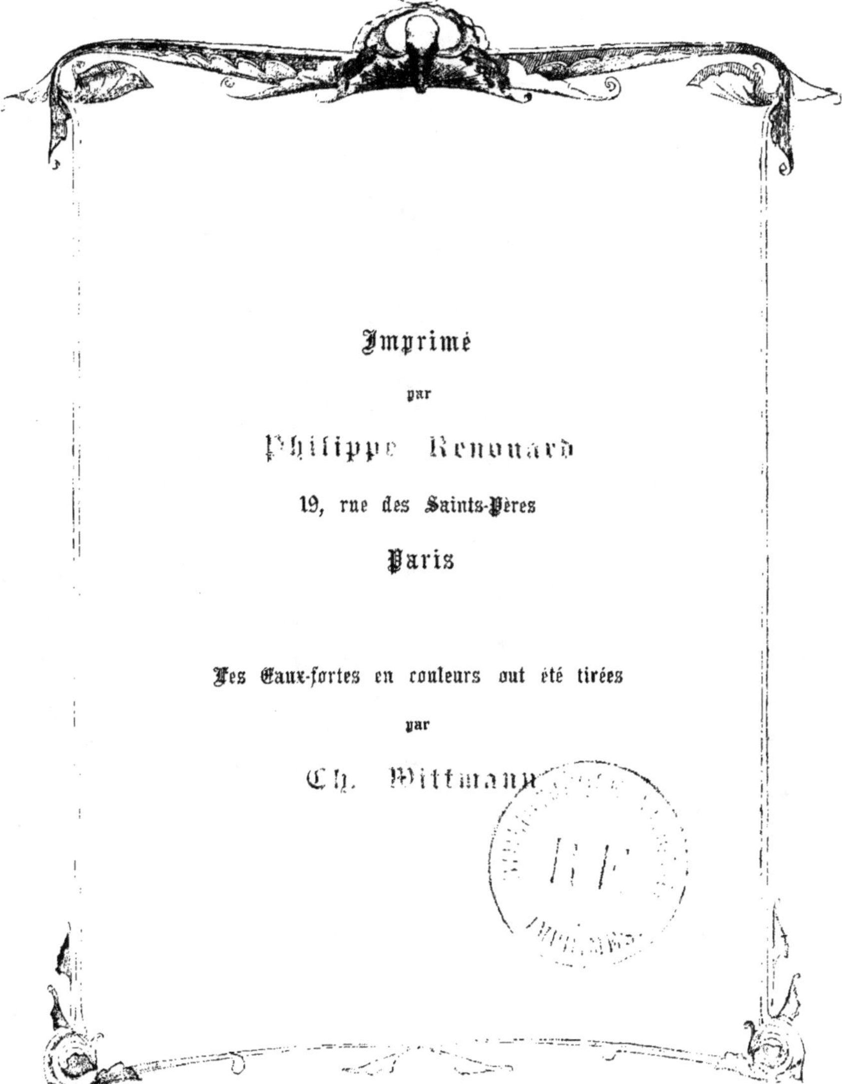

Imprimé

par

Philippe Renouard

19, rue des Saints-Pères

Paris


Les Eaux-fortes en couleurs ont été tirées

par

Ch. Wittmann

9 782329 694535